Mae coeden afalau'n
wyrdd ac yn llawn dail yn yr haf.
Weli di sut mae hi'n edrych yn y gaeaf?

Brrrrr ...

Yn y gaeaf, mae'r canghennau'n noeth.

Fesul un, mae'r dail yn disgyn i'r llawr
yn yr hydref, ond bydd y goeden yn
tyfu dail newydd yn y gwanwyn.

BYD Y GOEDEN AFALAU

Carron Brown

Darluniau gan Alyssa Nassner

Addasiad Elin Meek

RILY

Mae coeden yn llawn bywyd.

Os edrychi di'n fanwl ar ei boncyff,
ei changhennau, ei dail, a'i ffrwythau,
cei weld yr anifeiliaid, y planhigion
a'r ffyngau sy'n byw yno.

Goleua dortsh y tu ôl i'r dudalen,
neu dalia hi at y golau i weld beth sy'n
cuddio yn y goeden ac o'i chwmpas.
Cei weld byd bach sy'n llawn
o ryfeddodau mawr.

Mae sawl anifail
yn byw o gwmpas
y goeden.
Weli di beth mae'r
aderyn ar fin
ei ddal?

Mae mwydod llithrig, gwinglyd yn gwthio drwy'r pridd o amgylch y gwreiddiau.

Mae gwreiddiau coeden yn tyfu'n hir ac yn ddwfn. Mae'r gwreiddiau'n amsugno dŵr glaw, Sy'n helpu i gadw'r goeden yn fyw.

Mae'r gwynt yn chwythu
dail oddi ar y goeden.
Weli di beth sy'n gorffwys
o dan y pentwr yma o ddail?

Wel, dyna syndod! Mae llyffant yn cadw'n oer yn y tywyllwch o dan y dail, a does neb yn gallu ei weld.

Mae'n byw mewn mannau llaith, lle mae llawer o wlithod, mwydod a phryfed i'w bwyta.

Weithiau, mae canghennau'n
cwympo o'r goeden
i'r ddaear oddi tani.
Weli di unrhyw beth sy'n tyfu
ar y gangen farw hon?

Mewn darnau tywyll, llaith ar y gangen farw, mae grwpiau o fadarch, caws llyffant a ffyngau eraill yn tyfu.

Mae'r pren marw'n pydru ac yn gwneud bwyd iddyn nhw ei fwyta.

Mae rhywbeth yn rhedeg nerth ei draed heibio i'r gangen farw. Mae'n Sgrialu'r tu ôl i garreg.

I beth mae'r gynffon hon yn perthyn?

Edrych!

Mae madfall fach, gennog yn gorffwys rhwng y cerrig.

Mae'n aros er mwyn dal rhywbeth i'w fwyta i ginio: pryfyn, corryn, gwlithen neu falwoden.

Ochr draw'r goeden, mae
cwningen yn neidio i mewn
i dwll yn y ddaear.

I ble mae hi'n diflannu?

Dwmp! Dwmp!

Yn ddwfn yn y ddaear, mae cwningod yn cloddio nythod a thwneli.

Maen nhw'n adeiladu tyllau mawr, lle mae llawer o gwningod yn gallu byw gyda'i gilydd.

Mae pryfyn
yn suo
ar foncyff
y goeden.

Mae rhywbeth
yn cuddio ar y
rhisgl. Weli di
beth yw e?

Mae gwyfyn wedi glanio ar y goeden. Mae ei adenydd yr un lliw â'r rhisgl. Ond i'r gwyfyn aros yn hollol lonydd, fydd dim byd yn ei weld.

Dydy'r pryfyn ddim
yn suo nawr. Mae'n edrych fel
petai'n sownd yng nghanol yr awyr.

Beth sy'n ei rwystro rhag
hedfan i ffwrdd?

Trap!

Mae'r pryfyn wedi
hedfan i we corryn.

Mae ei draed yn sownd mewn
llinynnau o sidan gludiog.

Trap yw'r we sy'n
dal bwyd i'r corryn.

Mae aderyn yn hedfan
drwy'r dail â mwydyn yn ei big.
Beth fydd yn digwydd i'r mwydyn?

Bydd y cywion llwglyd hyn yn
llowcio'r mwydyn mewn dim o dro.

Twît!
Twît!

Maen nhw wedi deor o wyau
mewn nyth roedd eu rhieni
wedi'i adeiladu yn y goeden.

Edrycha'n ofalus
ar y goeden.

Beth yw hwn sy'n
hongian o gangen?

Bss

Bss

Bss

Mae cannoedd o wenyn wrthi'n brysur yn gwneud cwyr i adeiladu eu nyth.

Bss

Maen nhw'n casglu neithdar melys o flodau hefyd. Maen nhw'n ei storio yn eu nyth i wneud mêl i'w fwyta.

Bss

Mae sŵn uchel
wedi gwneud i'r
gwyfynod symud
o'u mannau cuddio.

Beth sy'n gwneud
y fath sŵn?

Tap-a-tap tap-a-tap

Mae cnocell y coed yn curo ar y rhisgl, dro ar ôl tro.

Mae hi'n gwneud twll bach yn y rhisgl â'i phig. Yna, fel fflach, mae ei thafod yn gwibio i mewn i'r bwlch i ddal pryfyn blasus.

Nid cnocell sydd wedi gwneud y
twll hwn – mae'n llawer rhy fawr.

Weli di beth sy'n byw yn y ffau hon?

Hisht!

Mae gwiwer yn cysgu
ar wely o wair a dail sych.
Mae ei chynffon hir wedi'i chyrlio'n
dynn wrth ei hymyl i'w chadw hi'n gynnes.

Mae'r ddeilen hon yn crynu.
Mae rhywbeth yr ochr draw
yn mwynhau pryd o fwyd.

Weli di beth sy'n bwyta'r ddeilen?

Crensh!
Crensh!

Mae Siani flewog yn
bwyta'n ddiddiwedd. Mae hi'n bwyta
cymaint er mwyn ei helpu i ddod
yn iâr fach yr haf brydferth.

Mae afalau mawr coch, suddog yn tyfu ar y goeden. Ffrwythau'r goeden yw'r rhain.

Beth sydd y tu mewn i'r afal?

Crensh!

Mae'r afal yn flasus iawn, ond dydy'r darnau bach caled y tu mewn ddim yn blasu cystal. Hadau'r goeden afalau ydy'r rhain, a dydyn nhw ddim i fod i gael eu bwyta.

Mae afalau aeddfed wedi cwympo o'r goeden.

Weli di beth sy'n digwydd i hadau'r afalau sy'n syrthio ar y ddaear?

O dan y pridd, mae
hedyn afal wedi hollti
ac wedi tyfu gwreiddiau.

Mae'r gwreiddiau'n
ymestyn i nôl bwyd
a diod. Mae egin yn tyfu
o'r hedyn ac yn gwthio
i fyny drwy'r pridd.

Uwchben y pridd, mae blaguryn gwyrdd yn tyfu a thyfu tuag at yr haul. Ymhen amser, bydd yn dod yn goeden dal, gref gyda'i byd bach ei hun.

Dyma ragor...

Pan fyddi di'n dod o hyd i goeden, edrycha o'i chwmpas i gyd i weld beth weli di. Cofia edrych i fyny ac i lawr hefyd.

Yn y pridd O dan y borfa, mae mwydod yn gwthio ac yn tynnu cyhyrau ar hyd eu cyrff er mwyn symud drwy'r pridd. Mae'r twneli y mae'r mwydod yn eu gwneud yn helpu dŵr i gyrraedd gwreiddiau planhigion.

Llaith a thywyll Bydd yn ofalus wrth gicio dail – efallai fod llyffantod yn cuddio yno yn ystod y dydd. Yn ystod y nos, mae llyffantod yn hercian o gwmpas y coed, gan ddefnyddio eu tafodau hir, gludiog i ddal eu bwyd.

Yn y cilfachau Mae madfallod yn gadael eu mannau cuddio o dan gerrig neu foncyffion i dorheulo. Anifeiliaid gwaed oer ydyn nhw, felly dydyn nhw ddim yn gallu creu eu gwres eu hunain. Mae angen yr haul arnyn nhw i'w cynhesu.

Cloddio Mae cwningod yn byw gyda'i gilydd mewn tyllau o dan ddaear. Maen nhw'n dod i'r wyneb yn y bore bach a gyda'r nos i chwilio am blanhigion gwyrdd (fel porfa a meillion) a rhisgl coed i'w bwyta.

Lliwiau cudd Mae gwyfynod ac ieir bach yr haf yn cuddio ar goed, cerrig a phlanhigion pan na fyddan nhw'n hedfan. Mae eu hadenydd yn plygu dros eu lliwiau llachar er mwyn eu cuddio rhag anifeiliaid sydd eisiau eu bwyta nhw.

Nyddu gwe Mae corynnod, neu bryfed cop, yn nyddu gwe gan ddefnyddio sidan gludiog sy'n cael ei wneud y tu mewn i'w cyrff. Mae corryn yn eistedd wrth ymyl y we hyd nes i bryfyn fynd yn sownd ynddi. Yna mae'n rhuthro at y pryfyn, ei lapio mewn sidan, ac yn ei fwyta.

I fyny fry Mae adar yn creu nythod mewn tyllau yn y goeden neu ar y canghennau gan ddefnyddio brigau, gwair, mwd a mwsogl. Mae pob aderyn yn deor o wy. Mae adar sy'n byw mewn coed yn bwyta gwlithod, mwydod, lindys a phryfed eraill, a ffrwythau.

Suo Mae gwenyn yn adeiladu nyth i'w brenhines, fel bod ganddi gartref i'r rhai bach i gyd. Mae'r gwenyn yn gweithio gyda'i gilydd i gadw'r nyth yn lân, i'w warchod ac i wneud digon o fêl i fwydo'r gwenyn eraill.

Ffau gysurus Mae tyllau mewn coed neu hen nythod adar yn gallu bod yn ffeuau i wiwerod. Maen nhw'n rhoi mwsogl, gwair sych a phlu fel leinin i'w ffau, ac yn cwtsio gyda'i gilydd yn y gaeaf i gadw'n gynnes.

Cyhoeddwyd gan Rily Publications Ltd 2015
Rily Publications Ltd, Blwch Post 20, Hengoed CF82 7YR
Hawlfraint yr addasiad © Rily Publications Ltd 2015
Addasiad Cymraeg gan Elin Meek

www.rily.co.uk

ISBN 978-1-84967-267-2

Cyhoeddwyd yn wreiddiol yn Saesneg yn 2013
dan y teitl *Secrets of the Apple Tree* gan Ivy Press

Hawlfraint © Ivy Press 2013

Crëwyd, dyluniwyd a chynhyrchwyd
y llyfr hwn gan Ivy Press

Argraffwyd yn China